クロスステッチでつづる
『星の王子さま』

126点のモチーフが伝える
愛と友情のものがたり

g

Avant-propos
はじめに

『星の王子さま』の世界へようこそ。

サハラ砂漠に不時着した孤独な飛行士と、純真無垢な王子さまとのふれあいを描いたこの不朽の名作は、「ほんとうに大切なこと」とはなにかを気づかせてくれます。

今回は、物語と挿絵を下敷きにするというはじめての試みでしたが、『星の王子さま』を読み返し、著者のアントワーヌ・サン＝テグジュペリ自身が描いた、愛らしい挿絵にオマージュを捧げ、わたし自身の王子さまの世界をステッチの図案に落とし込みました。

ヒツジやバラ、キツネなど、おなじみの登場人物たちと王子さまのワンシーンを1枚の作品に仕上げたり、お気に入りのモチーフを抜き出してワンポイント刺しゅうしたり、お好きに楽しんでください。

おとなのためのおとぎ話の世界に身を置いて、ひと針、ひと針、夢中になってステッチを刺し進めるうちに、きっと子どもの心を取り戻すことでしょう。

ヴェロニク・アンジャンジェ

※『星の王子さま』という書名は、訳者である
内藤濯氏の創案によってつけられました。

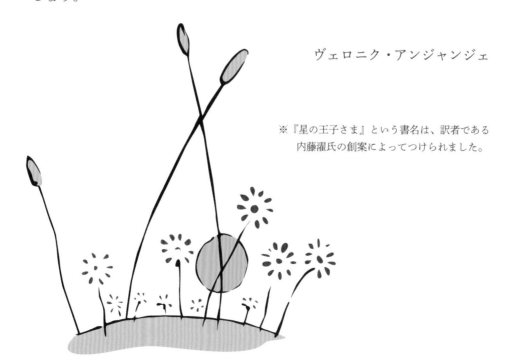

« Toutes les grandes personnes ont d'abord été
des enfants.
(Mais peu d'entre elles s'en souviennent.) »

おとなだってみんな、もともとは子どもだった。
(でも、それを忘れずにいるおとなはほとんどいない。)

Sommaire

もくじ

※( )内に記載しているのは、作品チャートのページ番号です。

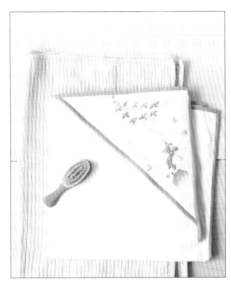

—— • ——

Le boa qui digérait un éléphant
大蛇に飲み込まれたゾウ

子どものころ、猛獣を丸飲みにしてしまう、ボアという恐ろしい大蛇がいることを知った。

これが、僕が描いたボアの絵だ。

「ねえ、この絵怖くない？」

僕はおとなたちに、この傑作を見せてまわった。でも、いつも返ってくる答えは同じだった。

「どうして帽子が怖いの？」「帽子でしょ」

帽子なんかじゃない。これはゾウを消化している大蛇の絵なんだ！

—— • ——

—— • ——

Le Petit Prince

小さな王子さま

おとなというのは、自分だけではまったくなにもわからない人たちなんだ。
だから、子どもたちはいつも説明しなきゃいけない。ああ、ほんとうに嫌になっちゃう……。

—— • ——

Les grandes personnes ne comprennent jamais rien
toutes seules, et c'est fatigant, pour les enfants,
de toujours leur donner des explications.

Le doudou

ぬいぐるみ

モチーフのまわりに余白をつけてカットし、裏地をつけて綿を詰めれば、
星の王子さまのキャラクターたちが小さなぬいぐるみに。

図案：P.13

Le boa qui digérait un éléphant
大蛇に飲み込まれたゾウ　完成写真 p.7

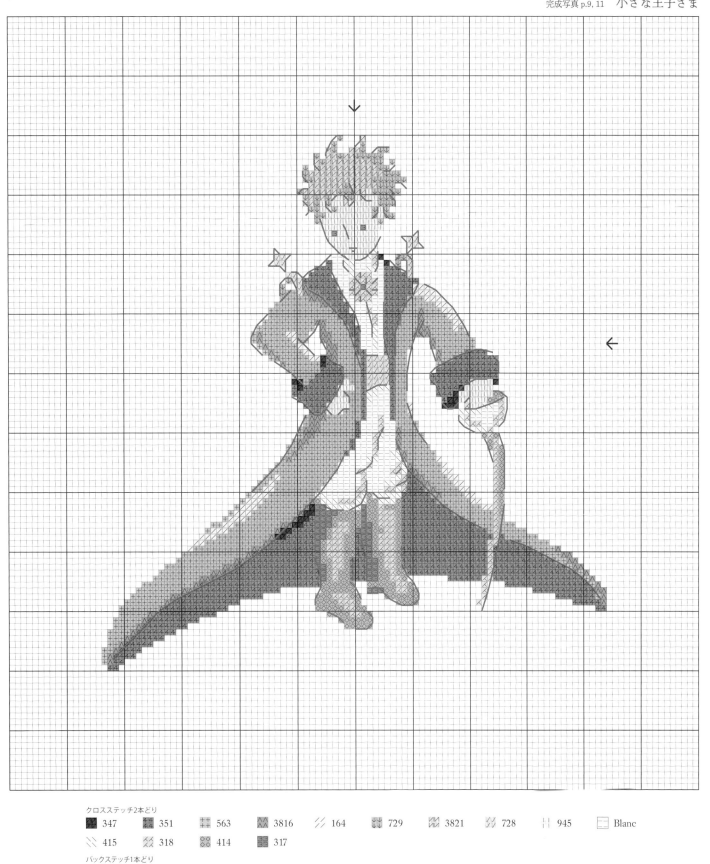

クロスステッチ2本どり

■ 347　‡‡ 351　‡‡ 563　ΛΛ 3816　∕∕ 164　‡‡ 729　‡‡ 3821　∕∕ 728　‡‡ 945　☐ Blanc

∖∖ 415　✕✕ 318　⊗⊗ 414　▦ 317

バックステッチ1本どり

— 844

Petite tête blonde

金髪の小さな男の子

王子さまがいなくなったあと、僕は何枚も王子さまの絵を描いた。
これが、そのなかで、いちばんじょうずに描けた肖像画だ。

— • —

Dessine-moi un mouton
ヒツジの絵

「ねえ、お願い……ヒツジの絵を描いて！」
サハラ砂漠に不時着し、ひとりぼっちだった僕の目の前に突然現れた小さな男の子。
僕はあっけにとられながらも、いわれるままにヒツジの絵を描いた。

なんど描きなおしても満足しないその男の子に、僕はイライラしながら、
やぶからぼうに木箱を描いて手渡した。
「ほら、きみのお望みのヒツジは、この木箱の中にいるよ」
すると、男の子の顔がぱあっと明るくなった。
「わあ、これだよ、ぼくがほしかったヒツジは！」

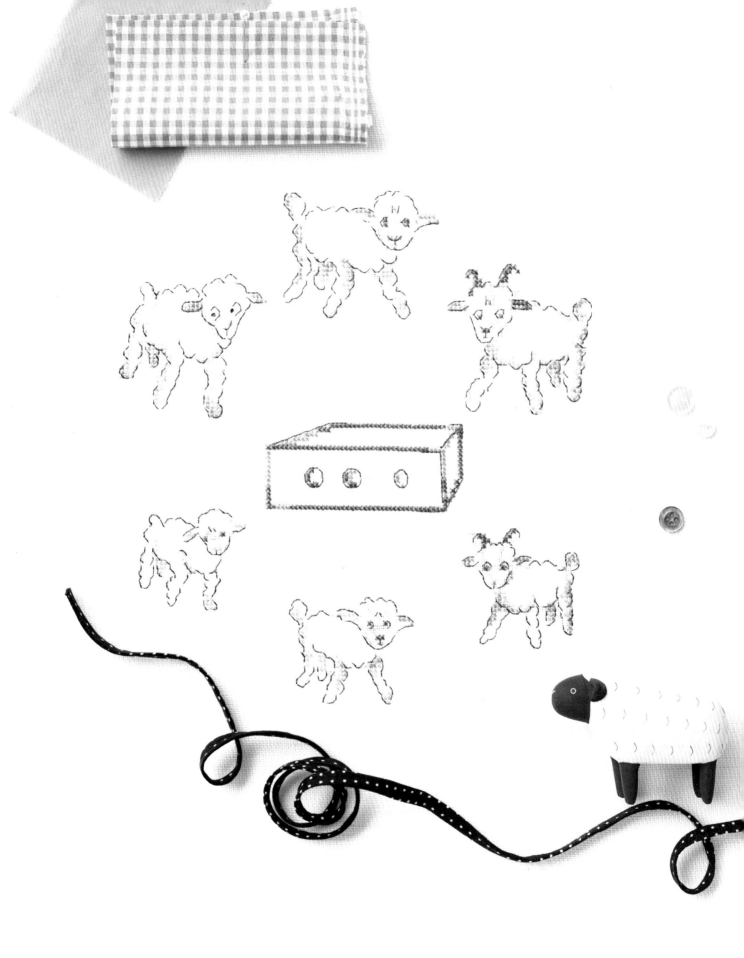

Petite tête blonde

金髪の小さな男の子　完成写真 p.15

— 779

— 844

— 777

— 779

クロスステッチ2本どり

347　351　563　3816　729　3821　728　727　945　779

Blanc　415　318　414　317

バックステッチ1本どり

— 777　— 779　— 844

クロスステッチ2本どり
□ Blanc　415　318　317

バックステッチ1本どり
— 3799

フレンチノット
• 3799

La petite planète

小さな星

「ぼくのところは、ほんとうに小さいんだ……」

僕は王子さまが、どこかよその星から来たことを知った。

そしてその故郷の星が、家ひとつとほとんど同じ大きさであることも。

— • —

L'astéroïde B 612

小惑星 B 612

王子さまの故郷の星は、きっと小惑星 B 612 だろう。

この小惑星はその昔、トルコの天文学者が望遠鏡で一度だけ観測している。

けれども、はじめは誰も信じなかった。

天文学者が国際天文学会で発表したときに、着ていた服装のせいだ。

ところがそれから数年たって、今度はヨーロッパ風のスーツで発表をしたら、

みんなが認めた。おとなって、そういうものだ。

—— ● ——

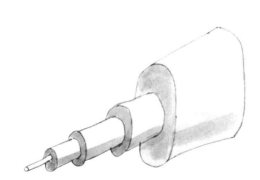

B 612

Le couverture cahier
ノートカバー

お好きなモチーフでカバーを作れば、世界で一冊だけのオリジナルノートのできあがり。

図案：P.26

La petite planète

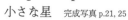

小さな星　完成写真 p.21, 25

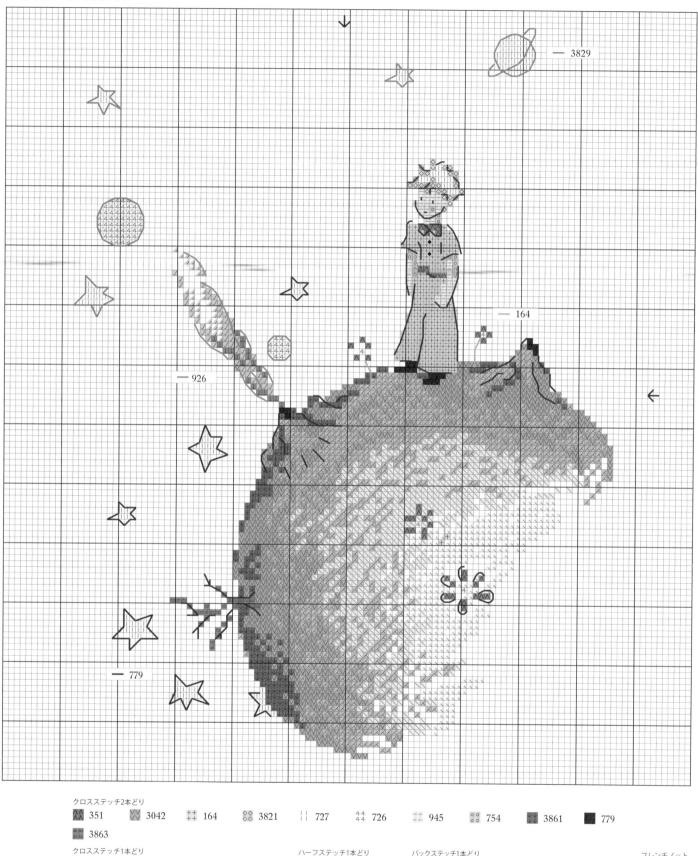

— 3829

— 164

— 926

— 779

クロスステッチ2本どり

▨ 351　　▨ 3042　　▦ 164　　▨ 3821　　▮▮ 727　　▦ 726　　▦ 945　　▨ 754　　▨ 3861　　▨ 779

▨ 3863

クロスステッチ1本どり　　　　　　　　　　　　　　　ハーフステッチ1本どり　　　バックステッチ1本どり　　　　　　　　　　　　　フレンチノット

▨ 3743　　▨ 3042　　▨ 3811　　▨ 926　　　　　▨ 3743　　▨ 3811　　— 926　　— 164　　— 3829　　— 779　　　• 779

26

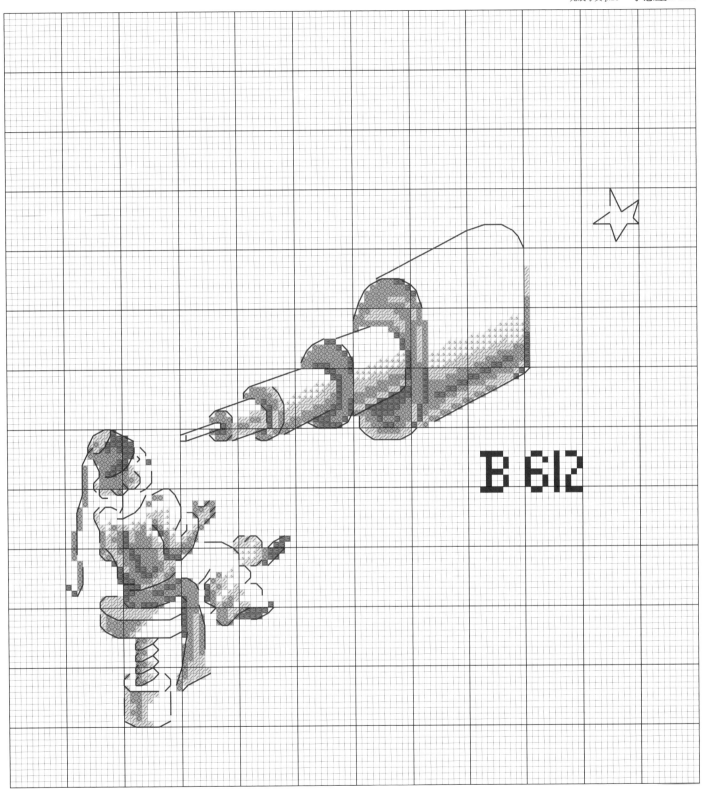

クロスステッチ2本どり

415　318　414　3799

ハーフステッチ1本どり

415

バックステッチ1本どり

— 3799

— ● —

Les scientifiques

数字が好きなおとなたち

おとなが、信じているのは数字だけだ。

おとなは、ほんとうに大切なことはなにも聞きやしない……。

おとなに、「王子さまは本当にいたよ。

だって、王子さまはまばゆいばかりに愛らしかったし、笑ったし、

そしてヒツジをほしがったんだから。ヒツジをほしがるということは、

その子が存在していることの証拠でしょ」といっても、

おとなたちは肩をすくめるだけだろう。

— ● —

Les éléphants

ゾウたちの群れ

バオバブに手を焼いているという話を聞いたのは、
僕が王子さまに出会って3日目のことだった。
「ヒツジは、バオバブも食べる？」こう尋ねる王子さまに、僕は答えた。
「バオバブは巨大な木だから、ゾウの群れだって食べきれるもんか！」
すると王子さまは、その姿を思いうかべて笑った。
「ぼくのところだと、たくさん積み重ねないと無理だね……」

Les scientifiques

数字が好きなおとなたち　完成写真 p.29

— 3799

— 839

— 3799

— 839

クロスステッチ2本どり

351　3743　3042　758　3864　840　414

クロスステッチ1本どり

842

ハーフステッチ1本どり

351　842

バックステッチ1本どり

— 839　— 3799

フレンチノット

• 3799

32

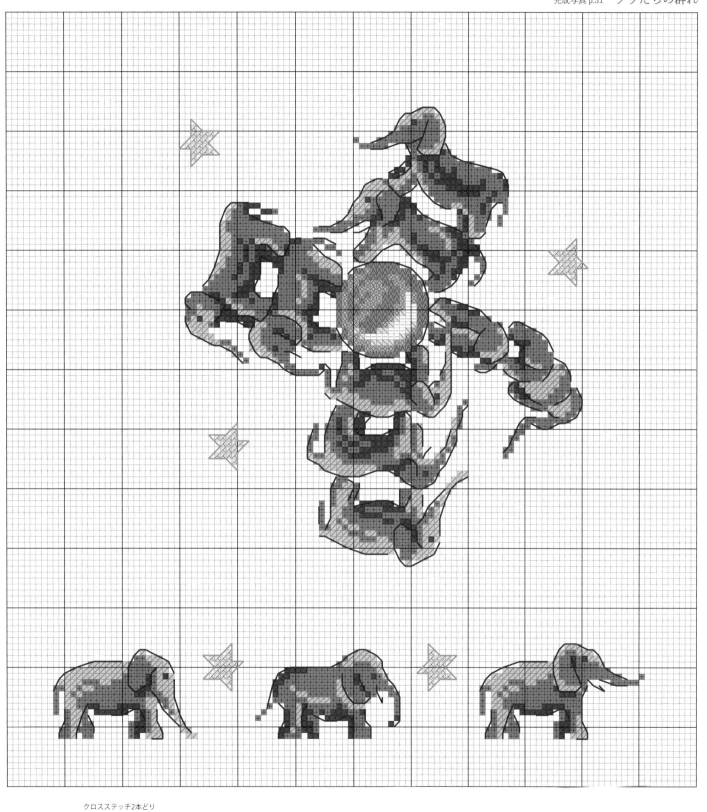

クロスステッチ2本どり

▨ 927　▦ 926　▨ 676　▨ 729　▨ 3829　▨ 728　▧ Blanc　▨ 317

バックステッチ1本どり

— 3829　— 3799

—— • ——

Les graines invisibles
いい種とわるい種

ほかの星と同じように、王子さまの星にもいい草とわるい草があった。

いい草にはいい種が、わるい草にはわるい種ができる。

でも種たちは、土の中でひっそり眠っているから目につかない。

やがてそのうちのひとつが寝ぼけまなこで目を覚まし、のびをして、

おずおずと、小さな茎を太陽に向かってのばす。

それがいい草なら、そのままにしておいてもいいだろうが、

わるい草の場合は、見つけたとたんに抜かなくてはならない。

王子さまの星では、まさにバオバブが、その厄介な種だったのだ……。

—— • ——

Les baobabs

バオバブの森

バオバブは、小さなうちに抜かないと、二度と取り除けなくなる。
そうなると、ぐんぐん星全体を覆い、やがて根が星を貫通してしまう。
王子さまの星はとても小さいので、バオバブが増えすぎると、
破裂してしまう恐れもあるのだ……。

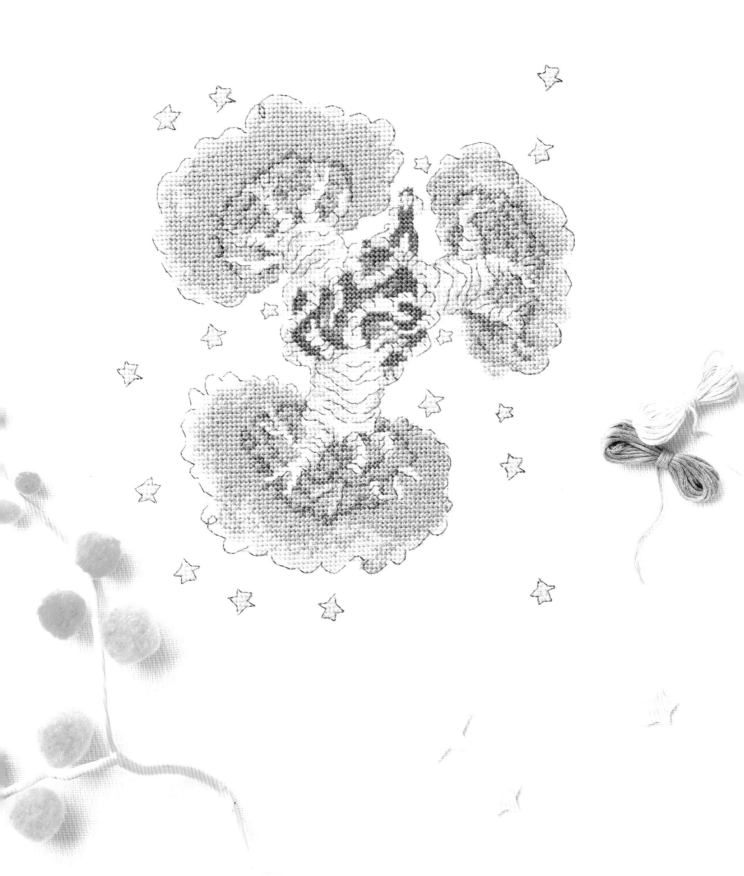

Le sac à langer
マザーズバッグ

ベビーのお着替えやオムツセットなど、赤ちゃんとのお出かけに大活躍のマザーズバッグ。パステルカラーのソフトな素材のバッグに刺しゅうをプラスすれば、星の王子さまのやさしい世界が広がります。

図案：P.40

Les graines invisibles

— 779

— 3829

— 347
— 3052

クロスステッチ2本どり

■ 347	＼ 3743	▨ 3042	■ 3041	‖ 472	▲ 471	■ 3052	◎ 729	Y 3821	／／ 727
▦ 945	◦◦ 754	■ 779	▨ 3863						

クロスステッチ1本どり

▦ 3863

ハーフステッチ1本どり

＼＼ 3743　　▞▞ 3863

バックステッチ1本どり

— 347　　— 3052　　— 3829　　— 779

40

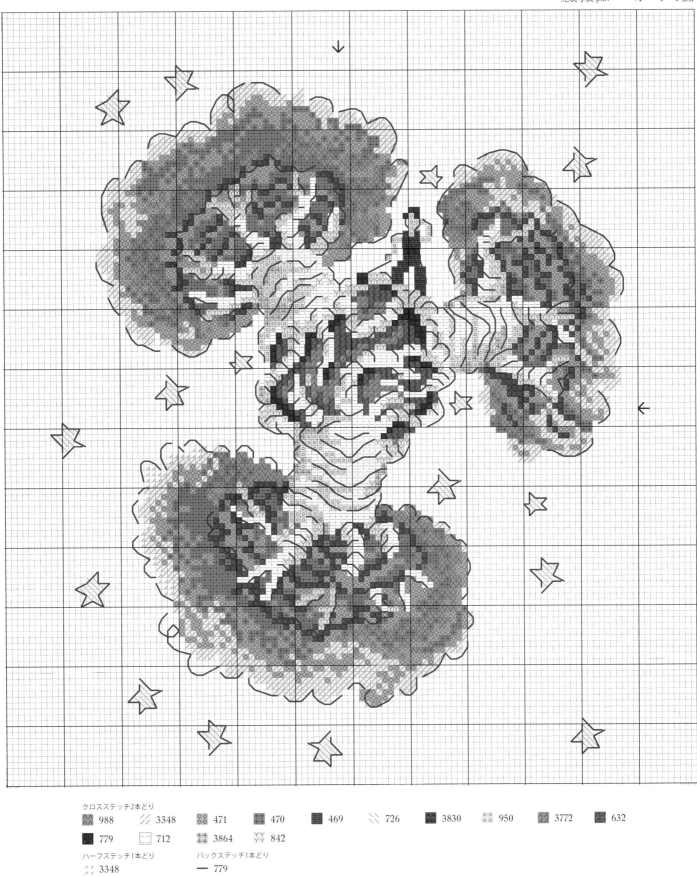

クロスステッチ2本どり

∧∧ 988	∕∕ 3348	⊗⊗ 471	470	469	∖∖ 726	3830	∘∘ 950	∕∕ 3772	632
779	⊟ 712	44 44 3864	YY YY 842						

ハーフステッチ1本どり

∕∕ 3348

バックステッチ1本どり

— 779

—— • ——

Le coucher de soleil
夕暮れどきの景色

「太陽が沈むのを、1日に44回見たこともあったよ！」
王子さまの小さな星では、ほんの何歩か動けば、いつでも好きなときに夕陽が見られる。
「ねえ……悲しくてしかたないときは、夕焼けが見たくなるものだよね……」

—— • ——

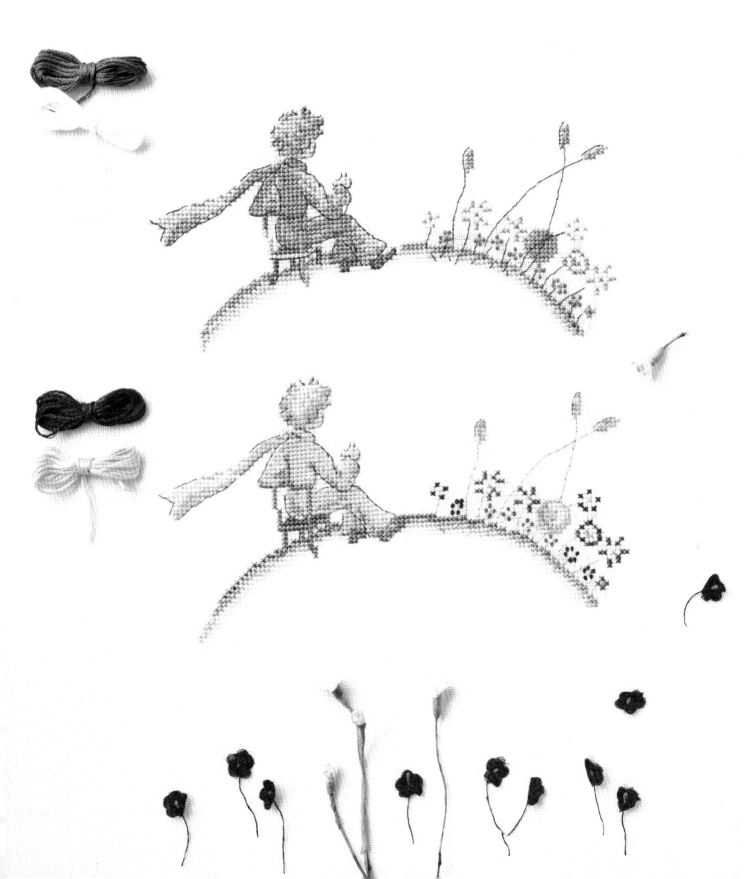

La rose
一輪のバラ

王子さまの星に、一輪のバラの花がひらいた。

「なんてきれいなんだ！」王子さまは息をのんだ。

「わたくし、お日さまと一緒に生まれたんですもの……」

王子さまは、愛情を込めてこの花を大切に育てた。

水をやったり、風よけのついたてを立てたり、

夕方にはガラスのおおいをかぶせてやった。

ところが、気まぐれでプライドの高いバラは文句ばかり。

うんざりした王子さまは、バラにさよならを言って、故郷の星をあとにした。

「ぼくはあのころ、ちっともわかっていなかった。

あの花が言った言葉じゃなくて、してくれたことで判断するべきだった。

……言葉の裏には愛情があったことを、くみとるべきだった。

でもぼくは子どもすぎて、あの花を愛することができなかったんだ」

Les cartes
カード

お気に入りのモチーフをカードに仕立ててメッセージを送れば、「たいせつなこと」が伝わるはず!

図案：P.49

Le coucher de soleil
夕暮れどきの景色　完成写真 p.43

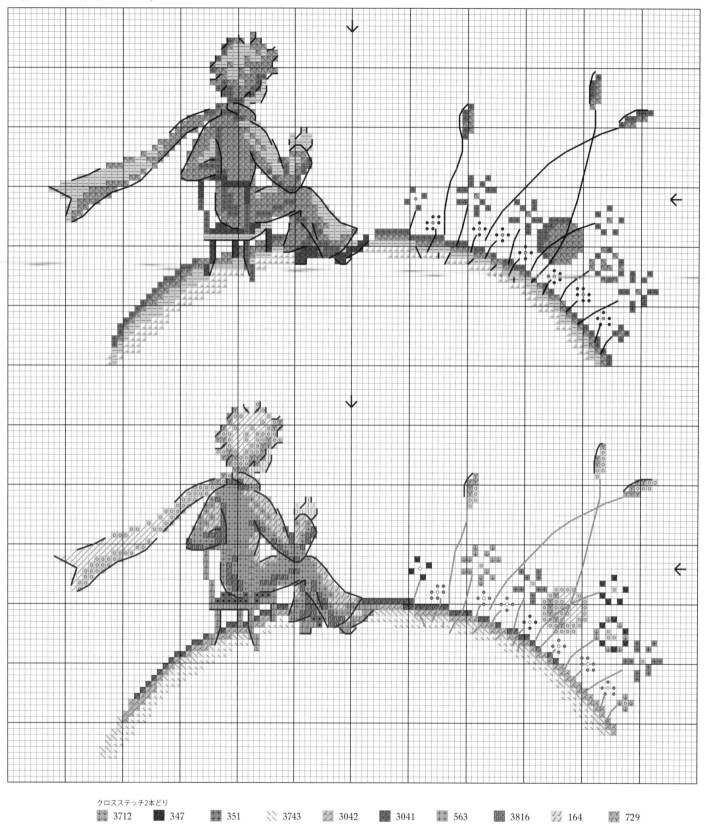

クロスステッチ2本どり

3712	347	351	3743	3042	3041	563	3816	164	729
3821	727	945	3860	3863	415	318	414	317	

ハーフステッチ1本どり　バックステッチ1本どり　フレンチノット

3743	415	988	779	3799	347	351	727	414	317

クロスステッチ2本どり

	3712		347		3042		3811		926		472		471		3052		677		676		729
	3821		728		726		945		754		3863		415		318		414		317		

クロスステッチ1本どり
　　3042

ハーフステッチ1本どり
　　3042　　3811　　926　　726　　415

バックステッチ1本どり
　— 779　　— 317　　— 3799

フレンチノット
　• 317

———— • ————

L'envol

空へ

王子さまは、飛び立つ渡り鳥たちと一緒に旅をし、
ここまでやって来たのだろう……。
僕は、王子さまの星のことや、そこを離れたときのこと、
これまでの旅などについて、少しずつ知っていった。

———— • ————

Le ramonage

火山のおそうじ

旅立ちの日の朝、王子さまはていねいに、火山のすすはらいをした。

王子さまの星には、活火山がふたつあった。

この火山は朝ごはんをあたためるのに、なんとも便利だった。

火山というのは、煙突とおなじようなもの。

きれいにそうじしておけば、噴火なんてすることはないのだ。

Serviette de bain
バスタオル

バスタオルやフェイスタオルなど、バスグッズのワンポイントに王子さまの刺しゅうを加えて……。

図案：P.58

Le coussin

クッション

手軽にインテリアの雰囲気を変えるなら、クッションカバーを変えるのが一番。
愛らしい王子さまや仲間たちが、お部屋をメルヘンチックに彩ります。

図案：P.59

クロスステッチ2本どり

3743	3042	3041	676	729	728	727	726	945	435

ハーフステッチ1本どり
726

バックステッチ1本どり
779　436　317

フレンチノット
3041

クロスステッチ2本どり

| | 3712 | | 778 | | 3041 | | 563 | | 164 | | 729 | | 3821 | | 727 | | 945 | | 3861 |

| | 435 | | 415 | | 318 |

ハーフステッチ1本どり

| | 415 | | 318 |

バックステッチ1本どり

— 779　— 435

$-\bullet-$

Les astéroïdes
星々をめぐる旅

やがて王子さまは、小惑星325、326、327、328、329、330のあたりにたどりついた。

最初の星には、威張りんぼうの王さまが住んでいた。

地理学者の頑固なおじいさんが住む星もあった……。

いくつもの星をめぐり、いろいろな人に出会った王子さま。

「おとなって、へんなの」

$-\bullet-$

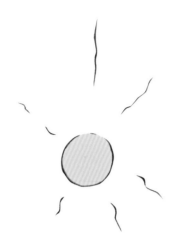

— • —

Les étranges grandes personnes...
小さな惑星の奇妙な住人たち

2番目の星には、褒められるのが大好きなうぬぼれ屋が住んでいた。
次の星には、飲んだくれの男が住んでいた。
4番目に訪れたのは、金勘定に没頭する実業家の住む星だった。
「おとなって、やっぱりへんだ」
王子さまは、旅をつづけながらそう思った。

— • —

Les astéroïdes
星々をめぐる旅　完成写真 p.61

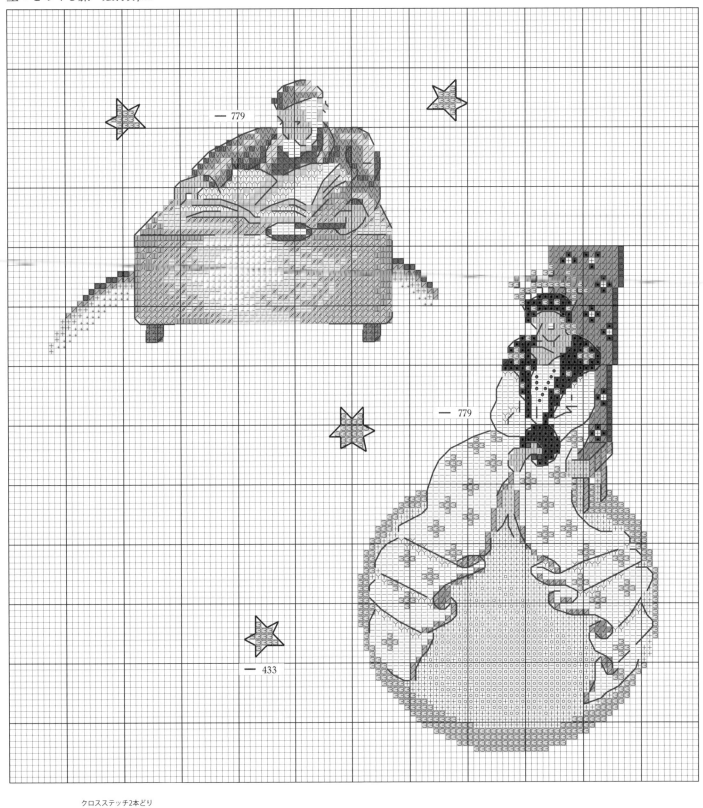

クロスステッチ2本どり
■ 347	◩ 316	‡ 3743	◩ 3042	■ 3041	◪ 472	◰ 471	◩ 3052	◪ 676	728
∷ 745	⁺⁺ 744	ᴴ 945	⊞ 437	₊₊ 436	⋎ 543	842	□ Blanc	◩ 414	

クロスステッチ1本どり　　ハーフステッチ1本どり　　バックステッチ1本どり　　フレンチノット
◰ 677	◪ 676	∷ 3743	⊟ 677	— 779	— 433	• 3041

クロスステッチ2本どり

351	778	316	3743	3042	3817	472	471	729	727
726	945	758	3778	3861	739	738	Blanc	317	

クロスステッチ1本どり　　　ハーフステッチ1本どり　　　　　　　　　　バックステッチ1本どり　　　　　　フレンチノット

778	778	3817	729	729	779	317	3778 · 317

※本ページで表示されている779の糸の色は、実際の色（焦げ茶色）とは異なります。

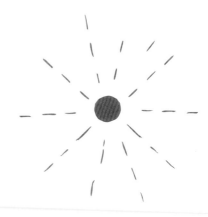

L'allumeur de réverbère

点灯夫

5番目の星には、ガス灯が1本と、それに火をともす点灯夫がひとりいたが、
それだけでぎゅうぎゅうなくらい、本当に小さな星だった。
1分に1回まわるこの星で、点灯夫は休む暇もなく、
朝がくると灯りを消し、夜がくると灯りをともした。
「少なくともこの人の仕事には意味がある。この人が灯りをともすとき、
まるで、あたらしい星がぽっと生まれるみたいだ。
まるで、花がぱっと咲くみたいだ」
王子さまは、とてもすてきな仕事だと思った。
「すてきだってことは、役に立っているってことだもの」

Le désert

砂漠

「地球を訪ねるといい。なかなかいい星だと評判だ……」

次はどこを訪ねたらいいかと尋ねた王子さまに、地理学者はこう答えた。

こうして、7番目の星は地球になった。

地球に降り立った王子さまは、あたりを見わたしてびっくりした。

砂ばかりで、誰の姿もみえない。

まちがえた星にきてしまったのかと、不安になった王子さまに、

突然あらわれた黄金色のヘビは言った。

「ここは砂漠さ。地球はひろいんだ。砂漠には誰もいない」

Le coffre à jouets

おもちゃ箱

おもちゃ箱に星の王子さまのモチーフを刺しゅうすれば、
火山のおそうじが得意な王子さまのように、
子どもたちもお片づけが好きになるかも……。

図案：P.74

Le pochon

巾着バッグ

シンプルな巾着形バッグに、王子さまの刺しゅうを加えるだけで、
世界にひとつだけのかけがえのないバッグに。

図案：P.75

L'allumeur de réverbère

点灯夫　完成写真 p.67, 70

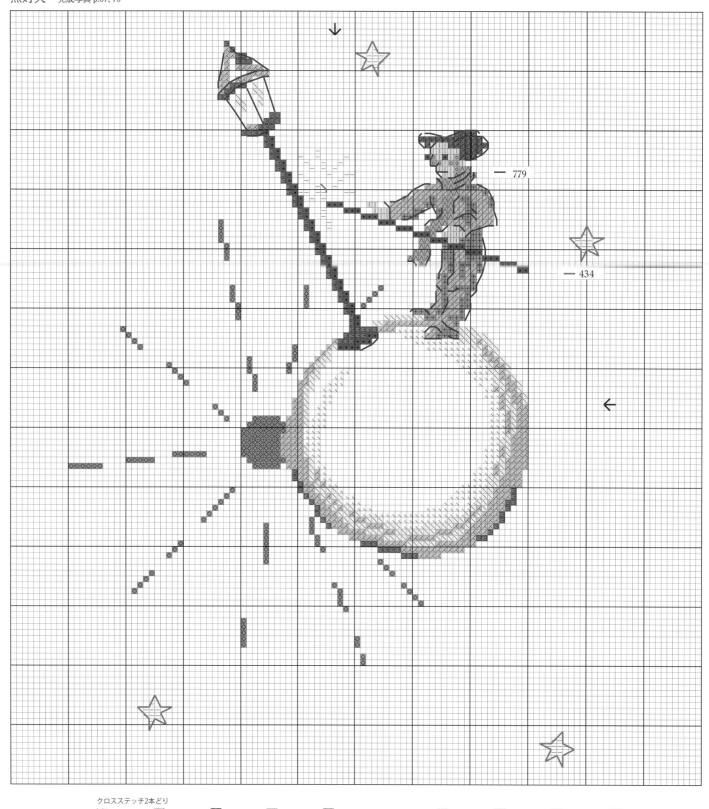

クロスステッチ2本どり
⟋⟋ 3743	⟋⟋ 3042	▨ 3041	⋀ 989	⊠ 3853	⁼⁼ 726	‖ 945	⊡ 758	⟋⟋ 437	▦ 436
▨ 434	■ 317								

ハーフステッチ1本どり
⟋⟋ 3743

バックステッチ1本どり
— 779　　— 434

※本ページで表示されている779の糸の色は、実際の色（焦げ茶色）とは異なります。

クロスステッチ2本どり

3712	347	3817	471	3052	729	3821	727	726	945
758	739	3864	840						

バックステッチ1本どり

—— 779　　—— 840

＊

L'ascension
やまびこの響き

高い山にのぼった王子さまは、あいさつをしてみた。
「こんにちは…こんにちは…こんにちは…」こだまが答えた。
「誰なの？」王子さまは尋ねた。
「誰なの…誰なの…誰なの…」こだまが答えた。

王子さまは言った。「お友達になってよ。ぼく、ひとりぼっちなんだ」
こだまが答えた。「ぼく、ひとりぼっちなんだ…
ぼく、ひとりぼっちなんだ…ぼく、ひとりぼっちなんだ…」

＊

La roseraie

バラの花咲く庭園

王子さまは、バラの咲き乱れる庭園にたどりついた。

「自分のような花は、この世に一輪しかない」

あの花はそう話していた。

ところが今、目の前にはそっくりな花が5000本も咲き誇っている。

「ぼくは、世界にひとつだけの、宝物のような花を持っていると思っていたけど、

ただのありふれたバラだったんだ……それじゃ、ぼくはりっぱな王子さまになれない」

王子さまは、草の上に倒れこんで泣いた。

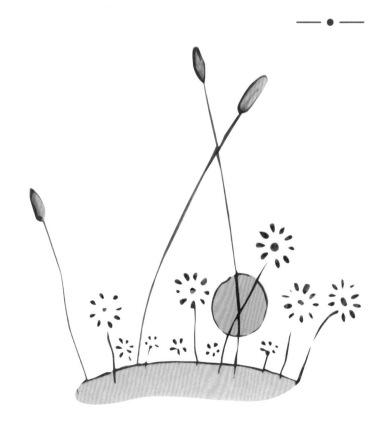

La toise

身長計

高い山にのぼった王子さまを刺しゅうした身長計なら、
子どもの心を忘れないおとなに成長するのを見守ってくれるはず。

図案：P.82

L'ascension

やまびこの響き　完成写真 p.77, 80

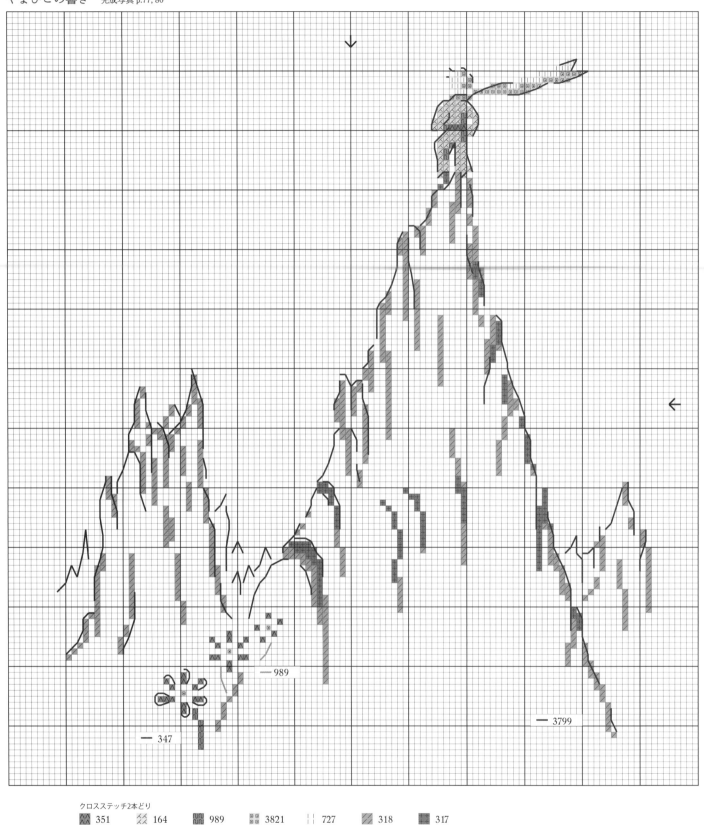

クロスステッチ2本どり

351　　164　　989　　3821　　727　　318　　317

バックステッチ1本どり

347　　989　　3799

クロスステッチ2本どり
3712　347　3832　3326　164　989　471　3363　3052　729
3821　727　945　407　3772　842

クロスステッチ1本どり
407

ハーフステッチ1本どり
407　842

バックステッチ1本どり
779

—— • ——

Que signifie « apprivoiser » ?
『なつく』ってどういうこと？

バラ園で悲しみに暮れる王子さまの前に、キツネが現れた。

「おいでよ、ぼくと遊ぼう。ぼく、今とても悲しくて……」と王子さま。

しかしキツネの返事は、「遊べない。ぼくはキミになついていないから」

「『なつく』ってどういう意味？」

こう尋ねる王子さまに、キツネは答えた。

「『絆を結ぶ』ということだよ……」

そしてキツネはこう続けた。

「キミはぼくにとってはまだ、ほかの十万の男の子となんら変わらない、

ただの男の子だ。だからぼくは、キミがいなくたっていい。

キミもぼくがいなくたっていい。キミにとってもぼくは、

ほかの十万のキツネとなんら変わらない、ただのキツネだ。

でも、キミがぼくをなつかせてくれたら、

ぼくらはお互いが、かけがえのない存在になるんだ。

キミはぼくにとって、世界でたったひとりだけの男の子になり、

ぼくもキミにとって、世界でたった一匹だけのキツネになるんだ」

王子さまは、「なつく」ということはなにか、少し分かってきた。

「ぼくの花は、ぼくをなつかせていたんだな……」

—— • ——

Le chasseur

キツネと猟師

「ぼくの星は、地球じゃないんだけど」という王子さまに、
キツネは不思議そうな顔をして尋ねた。
「その星に猟師はいるの？」
「ううん、いないよ」
「わあ！　じゃあニワトリは？」
「いないよ」
「やっぱり、完璧な世界ってないんだね。
……ぼくの毎日は、同じことの繰り返しだ。
ぼくがニワトリを追いかけ、そしてぼくを人間が追いかける……」

La mallette à crayons

色えんぴつケース

「ねえ、お願い……ヒツジの絵を描いて！」。
王子さまのモチーフを刺しゅうした色えんぴつケースがあれば、
ヒツジだって星だって、バラだって、上手に描けそう。

図案：P.90

Que signifie « apprivoiser » ?

『なつく』ってどういうこと？　完成写真 p.85, 88

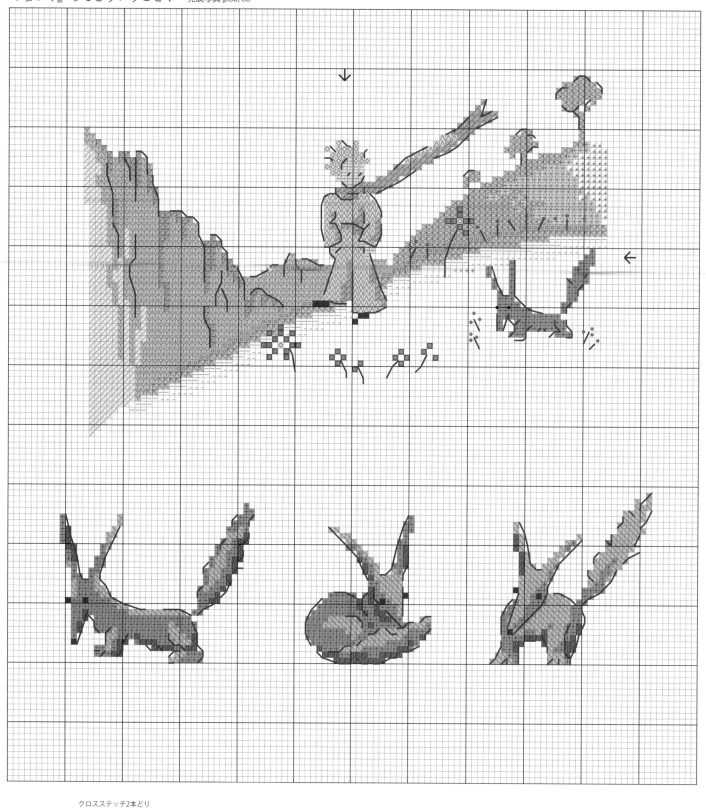

クロスステッチ2本どり

| | 351 | | 3042 | | 563 | | 164 | | 704 | | 3821 | | 945 | | 779 | | 436 | | 435 |
| | 434 | | 3864 |

クロスステッチ1本どり

| | 3743 | | 3042 | | 704 | | 472 | | 3864 |

ハーフステッチ1本どり

| | 472 | | 3864 |

バックステッチ1本どり

| — | 779 |

フレンチノット

| • | 351 | • | 779 |

— 779

— 987

クロスステッチ2本どり

■ 347	∥ 351	∷ 3042	■ 3041	⬠ 988	◇ 704	∷ 726	∥ 945	◇ 758	■ 779
∥ 436	✕ 435	⊞ 433	4⁴4⁴ 3864	△△ 840	☰ 318	⊞ 414	⬠ 317		

クロスステッチ1本どり　　　ハーフステッチ1本どり　　　バックステッチ1本どり　　　フレンチノット

YY 704　　∥ 472　　　　∥ 472　　　　　　— 987　　— 779　　　　・ 351　　・ 779

L'essentiel est invisible pour les yeux.

たいせつなことは、目には見えない

王子さまは、キツネをなつかせ、
キツネと心をかよわせ、そして友達になった。
王子さまにとって、キツネは今や、
世界で一匹だけのかけがえのないキツネになった。
けれども、キツネと別れのときがやってきた。

お別れの言葉を伝えた王子さまに、キツネは言った。
「秘密を教えるね。とてもシンプルなことだ。
ものごとは、心で見なければちゃんと見えない。
本当にたいせつなことは、目には見えない」

「本当にたいせつなことは、目には見えない」
王子さまはその言葉をくり返した。

「キミのバラをかけがえのないものにしたのは、
なによりも、キミがバラのために費やした時間だよ」

Le puits
砂漠の井戸

僕の飛行機が、砂漠に不時着してから1週間が経っていた。

最後の水を飲みほしてしまった僕は、喉がかわいて限界だった。

「ぼくだって、喉がかわいたよ」

僕と王子さまは、砂漠のまんなかであてもなく、井戸をさがしに歩き出した。

「砂漠って、美しいね」

王子さまがぽつりとつぶやいた。

砂漠の静寂のなか、僕たちは、月に照らされた砂の起伏を眺めていた。

「砂漠が美しいのは、どこかに井戸をひとつ隠しているからだよ……」

眠ってしまった王子さまを抱きあげ、僕はふたたび歩き出した。

まるで、壊れやすい宝物を運んでいる気分だった。

この世に、これほど壊れやすいものはないとさえ思った。

僕は歩きつづけ、そして夜明けに、ついに井戸を見つけた。

砂漠の井戸といえば、ふつうは砂に穴を掘っただけのものだ。

ところがこの井戸は、滑車も、桶も、綱もある、

村にでもあるような井戸だった。僕は夢でも見ているのかと思った。

王子さまが綱を引っぱると、滑車はギシギシときしんだ音を立てた。

「聞こえるでしょ? 井戸を目覚めさせたから、井戸が歌っているよ」

Le tambour à broder

刺しゅう枠飾り

丸枠で刺しゅうを刺した後、そのままファブリックパネルに仕立てれば、
すてきなウォールデコレーションに。

図案：P.98

L'essentiel est invisible pour les yeux.

たいせつなことは、目には見えない　完成写真 p.93, 96

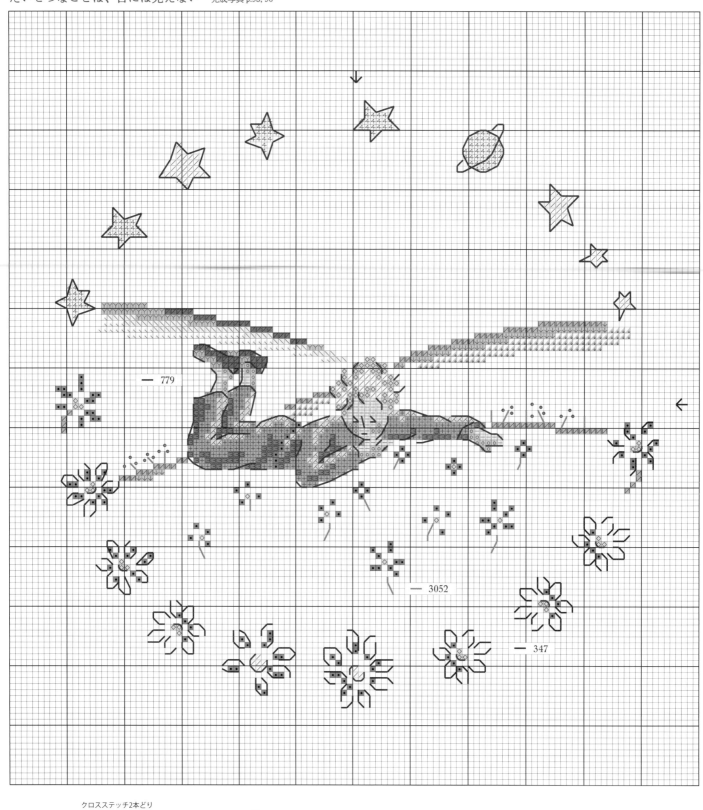

クロスステッチ2本どり

351	3743	3042	3041	704	472	471	3052	3821	727
725	945	758							

クロスステッチ1本どり　　ハーフステッチ1本どり　　バックステッチ1本どり　　フレンチノット

704　　　　　　　　3743　　704　　　　347　　3052　　779　　　　351

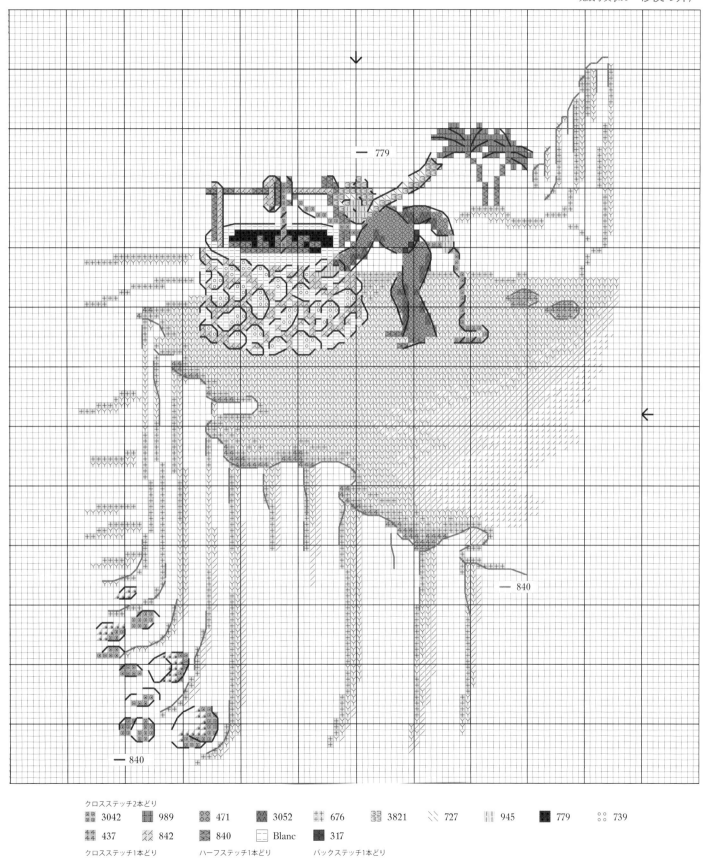

―― ● ――

Le serpent
毒ヘビ

井戸の近くには、朽ち果てた石の壁があった。

その上に王子さまが腰かけ、誰かと話しているのが聞こえた。

「ちがうよ！ 確かに日にちは今日だけど、ここじゃないんだ」

僕は壁のほうに向かっていったが、誰の姿も見えず、声も聞こえない。

しばらくして、王子さまがまた言った。

「キミの毒はよく効くんだよね？ ぼくをあまり長く苦しませたりしないよね？」

僕は壁の下に目をやり、そして飛びあがった！

そこには1匹の黄色いヘビがいた。30秒で人の命を奪える毒ヘビだった……。

―― ● ――

—— • ——

Des étoiles qui savent rire
笑う星たち

「ぼくの星はあまりにも小さいから、どこって教えてあげられないけど、

ぼくの星は、たくさんの星のなかのひとつだと思ってくれたらいいよ。

そうしたら、すべての星を見るのが好きになるでしょ。

星という星がみんな、きみの友達になるでしょ。

それでね、ぼくはきみに贈り物をあげようと思うんだ」

王子さまは、そういって笑った。

僕は王子さまの笑い声が大好きだった。

「きみが星空を見上げるとき、

その星のひとつにぼくが住んでいるから、

そのどれかひとつでぼくが笑っているから、

きみにとっては、すべての星が笑っていることになるでしょ。

きみには、誰も持っていない、笑う星たちをあげるんだ！」

—— • ——

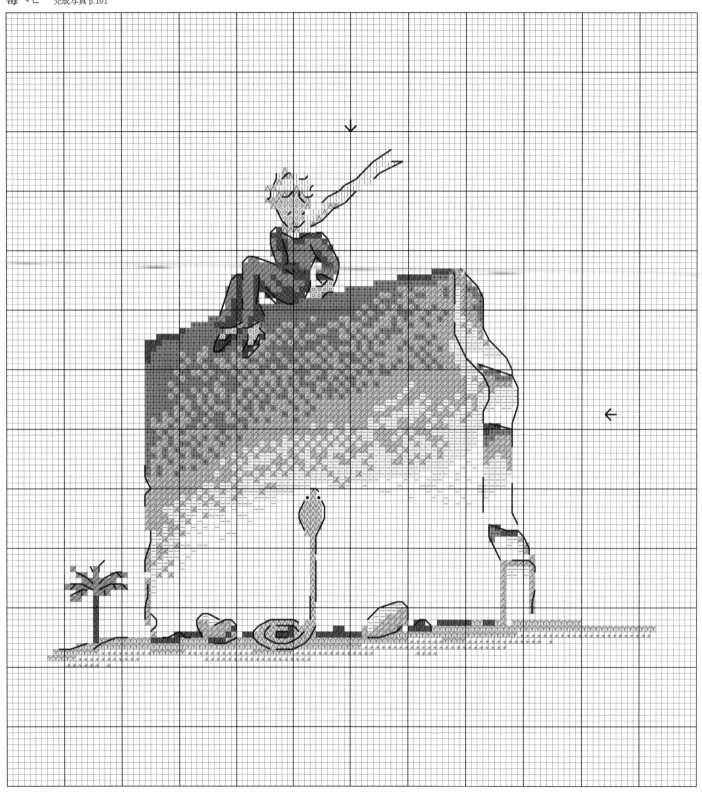

クロスステッチ2本どり
471　3052　676　3821　727　945　841

クロスステッチ1本どり　　　　　　　ハーフステッチ1本どり
3866　842　841　　　676

バックステッチ1本どり　　　フレンチノット
779　　　● 779

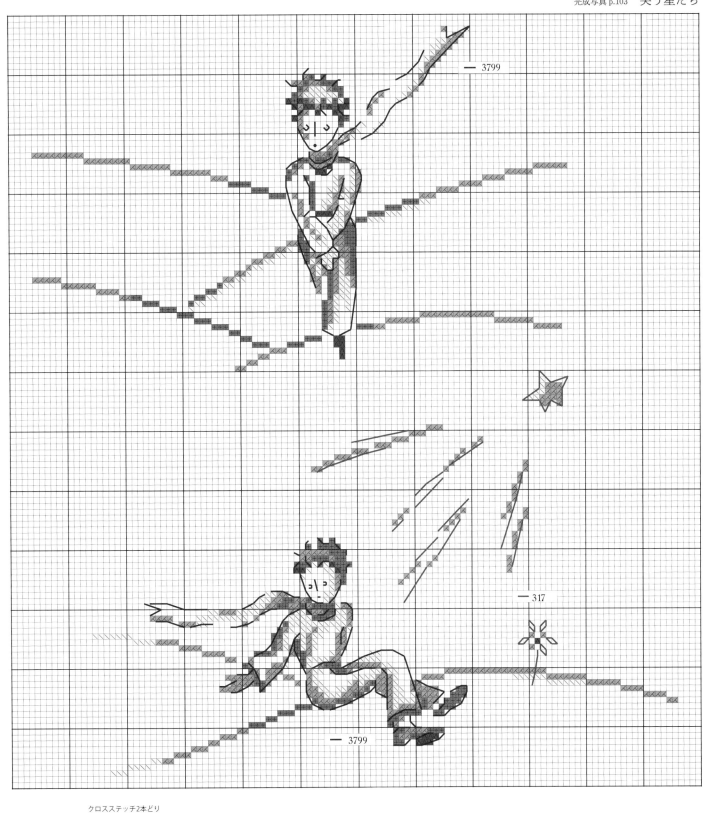

クロスステッチ2本どり
318　414　317

クロスステッチ1本どり
415

バックステッチ1本どり　　　　　フレンチノット
317　3799　　　　　　　　　3799

— ● —

L'étoile
星の光

「ここだよ。この先はひとりで行かせて」
王子さまは座り込んだ。おびえていたのだ。
「あのね…ぼくの花に…あの花にぼくは責任があるんだ！
あの花はほんとうに弱いんだもの！ なにも知らないんだよ。
あんなトゲ4本じゃ、世界から身を守れやしないんだ……」

王子さまの足首のあたりに、ぴかっと黄色い光がきらめいた。
まるで木が倒れるように、王子さまはしずかに倒れ込んだ。
砂漠の砂に抱かれて、物音さえしなかった。

— ● —

—•—

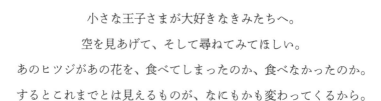

星の王子さま

そして、あれから6年が経った。

僕は、ちゃんとわかっている。王子さまが自分の星に帰ったことを。

そして僕は、夜になると、星たちの笑い声に耳をすますようになった。

まるで5億もの鈴が鳴り響いているようだ……。

王子さまのことを思うとき、星という星がやさしく笑い、

僕はしあわせな気持ちになる。

小さな王子さまが大好きなきみたちへ。

空を見あげて、そして尋ねてみてほしい。

あのヒツジがあの花を、食べてしまったのか、食べなかったのか。

するとこれまでとは見えるものが、なにもかも変わってくるから。

けれども、それがどんなに大切なことか、

おとなはまったく、わかってくれないだろう。

—•—

Le Petit Prince

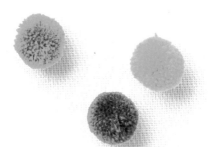

Le tableau Petit Prince

星の王子さまの飾りパネル

ひと針、ひと針、ていねいに刺し進めた刺しゅうを額縁に飾れば、
星の王子さまの世界が永遠に。

図案：P.113

L'étoile

星の光　完成写真 p.107

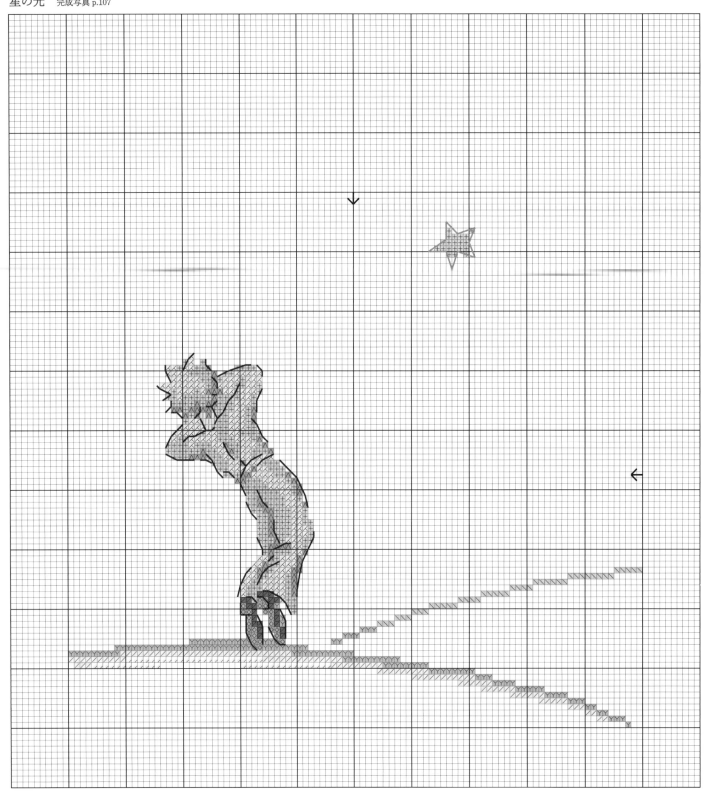

クロスステッチ2本どり
▨ 3042　⬚ 677　┼┼ 676　▲▲ 729　┃┃ 945　⊗⊗ 436　◩ 842　◪ 414

クロスステッチ1本どり　　　ハーフステッチ1本どり　　　バックステッチ1本どり
⫽ 3042　　　　　　　　⫽ 3042　　　　　　　━ 779　　　━ 436

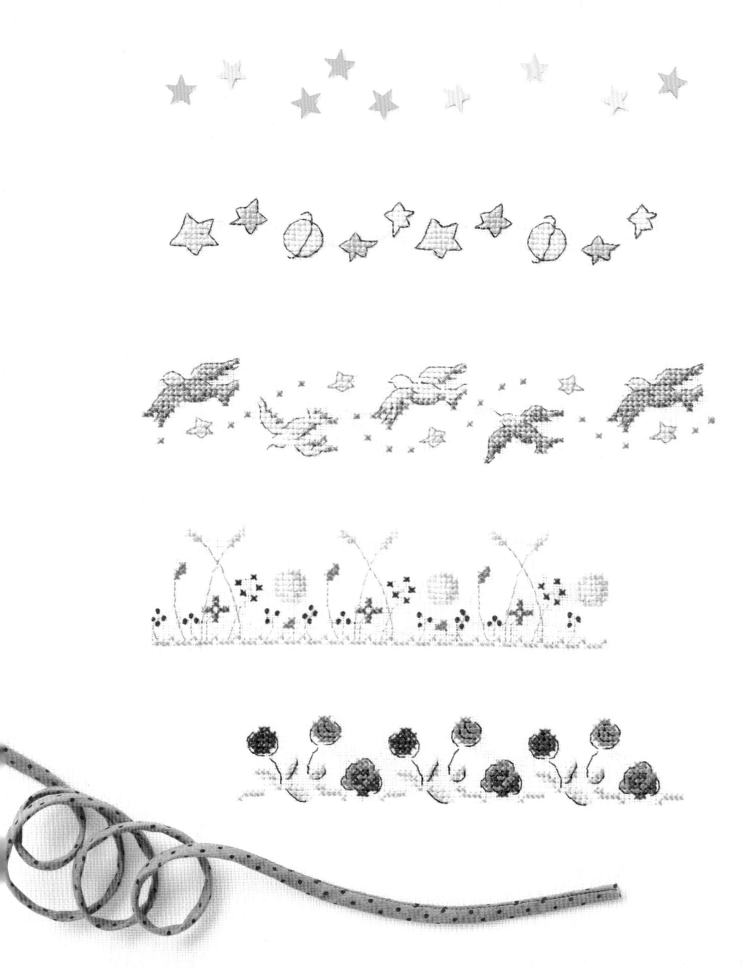

Le bavoir

赤ちゃんのスタイ

スタイの襟にワンポイントを施すだけで、
ママも赤ちゃんも喜ぶすてきな誕生祝いのできあがり！

図案：P.120

Le porte-biberon

ボトルホルダー

ボトルホルダーにミニモチーフを刺しゅうすれば、
星たちの笑い声がいつも聞こえてきそう……。

図案：P.121

Petits motifs du Petit Prince
星の王子さまのミニモチーフ　完成写真 p.114

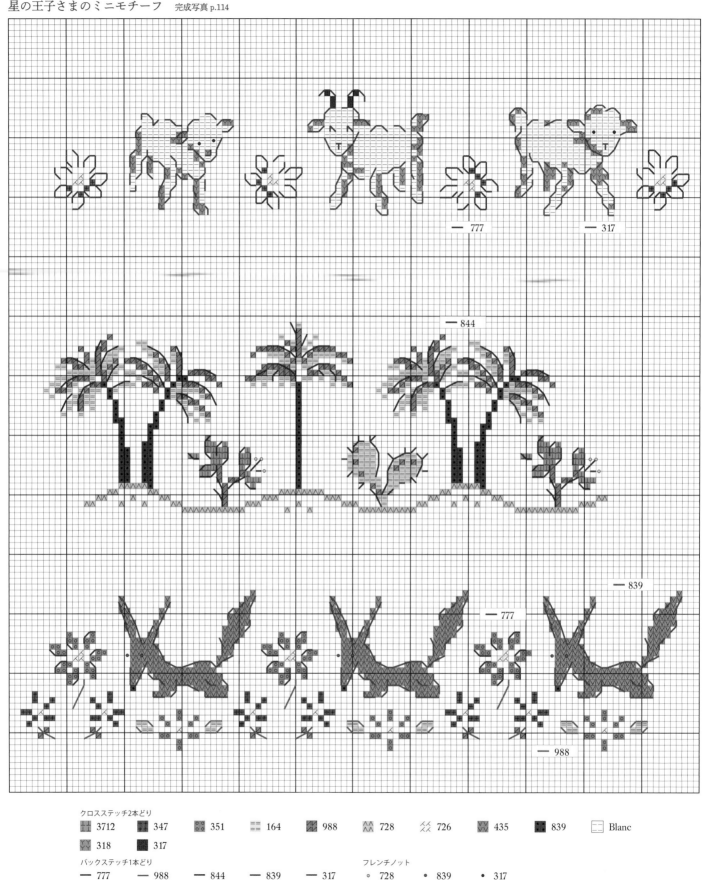

- 777
- 317
- 844
- 839
- 777
- 988

クロスステッチ2本どり

3712　347　351　164　988　728　726　435　839　Blanc

318　317

バックステッチ1本どり
— 777　— 988　— 844　— 839　— 317

フレンチノット
◦ 728　• 839　• 317

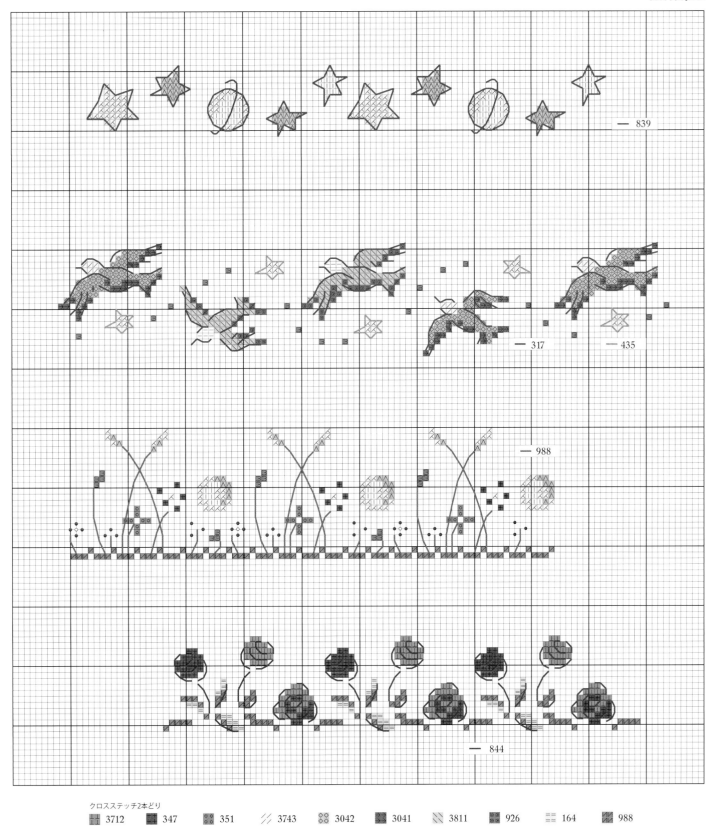

— 839

— 317 — 435

— 988

— 844

クロスステッチ2本どり

| 3712 | 347 | 351 | 3743 | 3042 | 3041 | 3811 | 926 | 164 | 988 |

| 728 | 3853 | 727 | 726 | Blanc |

バックステッチ1本どり
— 988　— 435　— 844　— 839　— 317

フレンチノット
● 347　　○ 726

刺しゅうの出来上がりサイズと目数について

ステッチを始める前に

・布を選んだら、後に述べる方法で図案の出来上がりサイズを割り出し、布をカットします。図案のモチーフをステッチしやすいように、余裕を持たせましょう。また、額に入れる場合や、縫い合わせて作品に仕上げる場合は、モチーフの周りに余白を持たせることも忘れずに。

・布をカットしたら、ほつれ防止のために縁をかがる。

・布を4つ折りにして中心を見つける。大きなタペストリーなど複雑な図案をステッチする場合は、縦と横の中心線をしつけ糸で縫っておけば目印となり、ステッチが刺しやすくなります（ステッチが仕上がったらしつけ糸は取り除くので、きつく刺しすぎないこと）。

チャート

チャートは小さな方眼状になっていて、それぞれのマス目の色は、ステッチに使う糸の色と対応しています。各色の番号は、DMCの刺しゅう糸に対応しています。

チャートをカラーコピーで拡大すれば、見やすくなって、作業がはかどるでしょう。

カウントについて

「Counted」の略で、「ct」と表記し、1インチ（2.54cm）の中に布目が何目あるのかをいいます。例えば、11ctは、1インチに11目あるという意味で、カウント数が増えるにしたがって目は細かくなっていきます。

出来上がりサイズ

出来上がりサイズは、使う布の目数によって変わってきます。1cmあたりの目数が多ければ多いほど、ステッチの数は多くなり、モチーフは小さくなります。出来上がりが何cmになるかを割り出すには、次の方法にしたがって計算してください。

1. 布1cmあたりの目数を、何目ごとにステッチするかで割り、1cmあたりのステッチの数を割り出します。
例）1cm＝11目の布に2目刺しする場合、ステッチは1cmあたり5.5目（11目÷2目ごと）。

2. チャートのステッチ数（幅＆高さのマス目の数）を数え、その数を5.5で割れば、出来上がりサイズが割り出せます。
例）：200目（幅）×250目（高さ）の場合
幅：200÷5.5＝約36cm
高さ：250÷5.5＝約45cm

カウントについて

以下は、布の目数とステッチの目数の換算表です。図案の出来上がりサイズを割り出すのに参考にしてください。

布の目数	1cmあたりのクロスステッチの数（2目刺しの場合）	カウント
エタミン		
1cm＝5目	2.5目	13ct
1cm＝10目	5目	25ct
1cm＝11目	5.5目	28ct
リネン		
1cm＝5目	2.5目	13ct
1cm＝10目	5目	25ct
1cm＝11目	5.5目	28ct

本書では、「ハーフ・クロスステッチ」を「ハーフステッチ」と表記しています。「ハーフステッチ」は2本どり、「バックステッチ」は1本どりで刺しゅうしています。糸の本数について別な指定がある場合は、各チャートに明記しています。

これは便利！ステッチのバリエーション

✳クロスステッチといっしょに使えるステッチと、針から抜けにくい糸の通し方

線をバックステッチまたはホルベインステッチで刺すことができます。チャートでは、線で描かれている部分をバックステッチ（B.S）と表記していることが多いのですが、バックステッチに限らずホルベインステッチ（ダブル・ランニングステッチ）で刺すこともできます。表から見るとほぼ同じ針目に見えますが、バックステッチよりも、ホルベインステッチの方がつながりのよいなめらかな線が表現しやすいステッチです。

■ バックステッチ

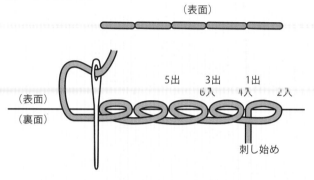

■ ホルベインステッチ

戻るとき糸の脇に刺す、
戻るとき糸を割って刺す

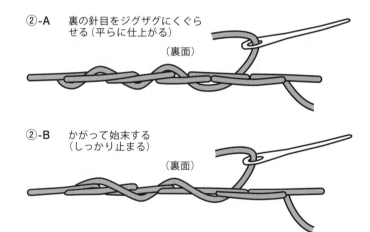

▶ バックステッチまたはホルベインステッチの裏の始末

刺しはじめの糸も刺し終わりと同様に始末しましょう。

①

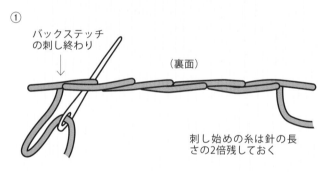

②-A　裏の針目をジグザグにくぐらせる（平らに仕上がる）

②-B　かがって始末する（しっかり止まる）

○針から糸が抜けやすくて刺しにくい場合の糸の通し方

1本どりで抜けやすいときは糸を動かないように留めてからステッチすると、作業がしやすくなります。

①針に糸を通す。

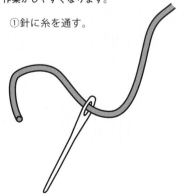

②短い側の糸に針を刺し、くぐらせる。

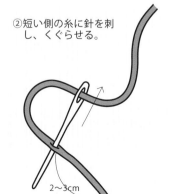

③糸の長い側を引く。糸が止まって抜けなくなる。

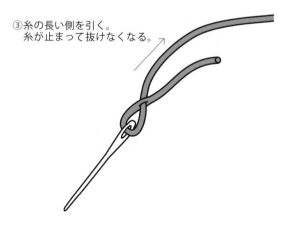

124

これは便利！チャートの見方と刺し方

✳ クロスステッチとバックステッチが重なる場合

先にクロスステッチを刺し、バックステッチ（あるいはホルベインステッチ）はあとから刺します。バックステッチは、渡る糸が長くなりすぎないように注意しましょう。

■ チャートでの表し方

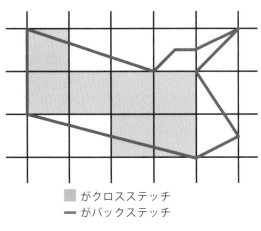

 ▨ がクロスステッチ
 ― がバックステッチ

※ クロスステッチ　2本どり
　 バックステッチ　1本どり

■ クロスステッチ用リネンに2目刺しで刺したとき

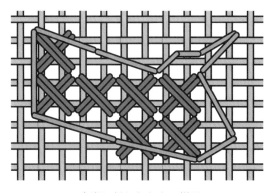

実際に刺したときの様子

▶ スリー・クォーターステッチとハーフ・クロスステッチを理解する

△の表記には、スリー・クォーターステッチと、ハーフ・クロスステッチがあります。
½ステッチと明記されることもあります。

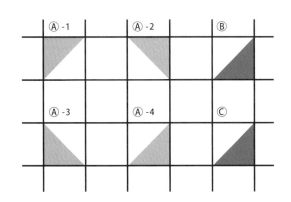

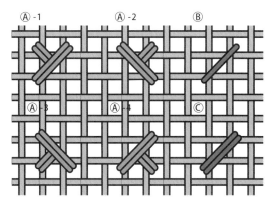

Ⓐ -1　斜めの長いステッチとそれに直角に交わるステッチ半分で1マスの半分を三角に埋める。
Ⓑ,Ⓒ　ハーフ・クロスステッチ
　　　　クロスステッチの×の半分、斜めだけのステッチ。
　　　　1本どりで遠くの景色や影を表現することも。

目数と出来上がりサイズ早見表

この表で、リネン（麻布）の織り糸2本を1目としたとき（2目刺し）とアイーダの刺しゅうの出来上がりサイズがわかります。例えば、1cmあたり織り糸が10本のリネンを使う場合、10目刺した時の刺しゅうサイズは2cmとなります。1cmあたり5.5ブロック（14ct）のアイーダを使う場合、11目刺した時の刺しゅうサイズは2cmとなります。

アイーダ	布の表示	13ct	14ct	16ct	18ct	20ct
	ブロック/in	13	14	16	18	20
	ブロック/cm	5	5.5	6.3	7	8
	目/cm	5	5.5	6.3	7	8
リネン	布の表示	25ct	28ct	32ct	36ct	40ct
	織り糸本/in	25	28	32	36	40
	織り糸本/cm	10	11	12.6	14	16
	目/cm	5	5.5	6.3	7	8

〈目数〉

目数	13ct / 25ct	14ct / 28ct	16ct / 32ct	18ct / 36ct	20ct / 40ct
5	1				
6	1.2	1.1	1		
7	1.4	1.3	1.1	1	
8	1.6	1.5	1.3	1.1	1
9	1.8	1.6	1.4	1.3	1.1
10	2	1.8	1.6	1.4	1.3
11	2.2	2	1.7	1.6	1.4
12	2.4	2.2	1.9	1.7	1.5
13	2.6	2.4	2.1	1.9	1.6
14	2.8	2.5	2.2	2	1.8
15	3	2.7	2.4	2.1	1.9
16	3.2	2.9	2.5	2.3	2
17	3.4	3.1	2.7	2.4	2.1
18	3.6	3.3	2.9	2.6	2.3
19	3.8	3.5	3	2.7	2.4
20	4	3.6	3.2	2.9	2.5
21	4.2	3.8	3.3	3	2.6
22	4.4	4	3.5	3.1	2.8
23	4.6	4.2	3.7	3.3	2.9
24	4.8	4.4	3.8	3.4	3
25	5	4.5	4	3.6	3.1
26	5.2	4.7	4.1	3.7	3.3
27	5.4	4.9	4.3	3.9	3.4
28	5.6	5.1	4.4	4	3.5
29	5.8	5.3	4.6	4.1	3.6
30	6	5.5	4.8	4.3	3.8
31	6.2	5.6	4.9	4.4	3.9
32	6.4	5.8	5.1	4.6	4
33	6.6	6	5.2	4.7	4.1
34	6.8	6.2	5.4	4.9	4.3
35	7	6.4	5.6	5	4.4
36	7.2	6.5	5.7	5.1	4.5
37	7.4	6.7	5.9	5.3	4.6
38	7.6	6.9	6	5.4	4.8
39	7.8	7.1	6.2	5.6	4.9
40	8	7.3	6.3	5.7	5
41	8.2	7.5	6.5	5.9	5.1
42	8.4	7.6	6.7	6	5.3
43	8.6	7.8	6.8	6.1	5.4
44	8.8	8	7	6.3	5.5
45	9	8.2	7.1	6.4	5.6
46	9.2	8.4	7.3	6.6	5.8
47	9.4	8.5	7.5	6.7	5.9
48	9.6	8.7	7.6	6.9	6
49	9.8	8.9	7.8	7	6.1
50	10	9.1	7.9	7.1	6.3
51	10.2	9.3	8.1	7.3	6.4
52	10.4	9.5	8.3	7.4	6.5
53	10.6	9.6	8.4	7.6	6.6
54	10.8	9.8	8.6	7.7	6.8
55	11	10	8.7	7.9	6.9
56	11.2	10.2	8.9	8	7
57	11.4	10.4	9	8.1	7.1
58	11.6	10.5	9.2	8.3	7.3
59	11.8	10.7	9.4	8.4	7.4
60	12	10.9	9.5	8.6	7.5
61	12.2	11.1	9.7	8.7	7.6
62	12.4	11.3	9.8	8.9	7.8
63	12.6	11.5	10	9.0	7.9
64	12.8	11.6	10.2	9.1	8
65	13	11.8	10.3	9.3	8.1
66	13.2	12	10.5	9.4	8.3
67	13.4	12.2	10.6	9.6	8.4
68	13.6	12.4	10.8	9.7	8.5
69	13.8	12.5	11	9.9	8.6
70	14	12.7	11.1	10	8.8
71	14.2	12.9	11.3	10.1	8.9
72	14.4	13.1	11.4	10.3	9
73	14.6	13.3	11.6	10.4	9.1
74	14.8	13.5	11.7	10.6	9.3
75	15	13.6	11.9	10.7	9.4
76	15.2	13.8	12.1	10.9	9.5
77	15.4	14	12.2	11	9.6
78	15.6	14.2	12.4	11.1	9.8
79	15.8	14.4	12.5	11.3	9.9
80	16	14.5	12.7	11.4	10
81	16.2	14.7	12.9	11.6	10.1
82	16.4	14.9	13	11.7	10.3
83	16.6	15.1	13.2	11.9	10.4
84	16.8	15.3	13.3	12	10.5

1インチ（inch、記号：in）は25.4ミリメートル

アイーダ	布の表示	13ct	14ct	16ct	18ct	20ct
	ブロック/in	13	14	16	18	20
	ブロック/cm	5	5.5	6.3	7	8
	目/cm	5	5.5	6.3	7	8
リネン	布の表示	25ct	28ct	32ct	36ct	40ct
	織り糸本/in	25	28	32	36	40
	織り糸本/cm	10	11	12.6	14	16
	目/cm	5	5.5	6.3	7	8
〈目数〉 85		17	15.5	13.5	12.1	10.6
86		17.2	15.6	13.7	12.3	10.8
87		17.4	15.8	13.8	12.4	10.9
88		17.6	16	14	12.6	11
89		17.8	16.2	14.1	12.7	11.1
90		18	16.4	14.3	12.9	11.3
91		18.2	16.5	14.4	13	11.4
92		18.4	16.7	14.6	13.1	11.5
93		18.6	16.9	14.8	13.3	11.6
94		18.8	17.1	14.9	13.4	11.8
95		19	17.3	15.1	13.6	11.9
96		19.2	17.5	15.2	13.7	12
97		19.4	17.6	15.4	13.9	12.1
98		19.6	17.8	15.6	14	12.3
99		19.8	18	15.7	14.1	12.4
100		20	18.2	15.9	14.3	12.5
101		20.2	18.4	16	14.4	12.6
102		20.4	18.5	16.2	14.6	12.8
103		20.6	18.7	16.3	14.7	12.9
104		20.8	18.9	16.5	14.9	13
105		21	19.1	16.7	15	13.1
106		21.2	19.3	16.8	15.1	13.3
107		21.4	19.5	17	15.3	13.4
108		21.6	19.6	17.1	15.4	13.5
109		21.8	19.8	17.3	15.6	13.6
110		22	20	17.5	15.7	13.8
111		22.2	20.2	17.6	15.9	13.9
112		22.4	20.4	17.8	16	14
113		22.6	20.5	17.9	16.1	14.1
114		22.8	20.7	18.1	16.3	14.3
115		23	20.9	18.3	16.4	14.4
116		23.2	21.1	18.4	16.6	14.5
117		23.4	21.3	18.6	16.7	14.6
118		23.6	21.5	18.7	16.9	14.8
119		23.8	21.6	18.9	17	14.9
120		24	21.8	19	17.1	15
121		24.2	22	19.2	17.3	15.1
122		24.4	22.2	19.4	17.4	15.3
123		24.6	22.4	19.5	17.6	15.4
124		24.8	22.5	19.7	17.7	15.5

アイーダ	布の表示	13ct	14ct	16ct	18ct	20ct
	ブロック/in	13	14	16	18	20
	ブロック/cm	5	5.5	6.3	7	8
	目/cm	5	5.5	6.3	7	8
リネン	布の表示	25ct	28ct	32ct	36ct	40ct
	織り糸本/in	25	28	32	36	40
	織り糸本/cm	10	11	12.6	14	16
	目/cm	5	5.5	6.3	7	8
125		25	22.7	19.8	17.9	15.6
126		25.2	22.9	20	18	15.8
127		25.4	23.1	20.2	18.1	15.9
128		25.6	23.3	20.3	18.3	16
129		25.8	23.5	20.5	18.4	16.1
130		26	23.6	20.6	18.6	16.3
131		26.2	23.8	20.8	18.7	16.4
132		26.4	24	21	18.9	16.5
133		26.6	24.2	21.1	19	16.6
134		26.8	24.4	21.3	19.1	16.8
135		27	24.5	21.4	19.3	16.9
136		27.2	24.7	21.6	19.4	17
137		27.4	24.9	21.7	19.6	17.1
138		27.6	25.1	21.9	19.7	17.3
139		27.8	25.3	22.1	19.9	17.4
140		28	25.5	22.2	20	17.5
141		28.2	25.6	22.4	20.1	17.6
142		28.4	25.8	22.5	20.3	17.8
143		28.6	26	22.7	20.4	17.9
144		28.8	26.2	22.9	20.6	18
145		29	26.4	23	20.7	18.1
146		29.2	26.5	23.2	20.9	18.3
147		29.4	26.7	23.3	21	18.4
148		29.6	26.9	23.5	21.1	18.5
149		29.8	27.1	23.7	21.3	18.6
150		30	27.3	23.8	21.4	18.8
151		30.2	27.5	24	21.6	18.9
152		30.4	27.6	24.1	21.7	19
153		30.6	27.8	24.3	21.9	19.1
154		30.8	28	24.4	22	19.3
155		31	28.2	24.6	22.1	19.4
156		31.2	28.4	24.8	22.3	19.5
157		31.4	28.5	24.9	22.4	19.6
158		31.6	28.7	25.1	22.6	19.8
159		31.8	28.9	25.2	22.7	19.9
160		32	29.1	25.4	22.9	20
161		32.2	29.3	25.6	23	20.1
162		32.4	29.5	25.7	23.1	20.3
163		32.6	29.6	25.9	23.3	20.4
164		32.8	29.8	26	23.4	20.5

1インチ (inch、記号：in) は25.4ミリメートル

Le Petit Prince à broder au point de croix
by Véronique Enginger

© First published in French by Mango, Paris, France – 2017
© Succession Antoine de Saint-Exupéry – 2017

Photographie : Fabrice Besse

This edition first published in Japan in 2024 by Graphic-Sha Publishing Co. Ltd,
1-14-17 Kudankita, Chiyodaku, Tokyo 102-0073, Japan

Japanese edition © 2024 Graphic-Sha Publishing Co. Ltd

クロスステッチでつづる『星の王子さま』
―― 126点のモチーフが伝える愛と友情のものがたり ――

2024年 7月26日　初版第1刷発行

著者　　ヴェロニク・アンジャンジェ（© Véronique Enginger）
発行者　津田淳子
発行所　株式会社グラフィック社
　　　　〒102-0073 東京都千代田区九段北1-14-17
　　　　Phone: 03-3263-4318　Fax: 03-3263-5297
　　　　https://www.graphicsha.co.jp

印刷・製本　TOPPANクロレ株式会社

制作スタッフ

翻訳・執筆　　　　　　　　　　　　柴田里芽
監修・目数チャート・技法ページ制作　安田由美子
組版・トレース　　　　　　　　　　石岡真一
カバーデザイン　　　　　　　　　　北谷千顕（CRK DESIGN）
編集・制作進行　　　　　　　　　　南條涼子（グラフィック社）

材料に関するお問い合わせはこちらへ

ディー・エム・シー株式会社
〒101-0035 東京都千代田区神田紺屋町13番地 三東ビル7F
TEL: 03-5296-7831　FAX; 03-5296-7883
WEBカタログ www.dmc.kk.com